WMP-19-002
Solo Trumpet and Piano

MECHA MOTE SERIES

トランペットプレイヤーのための新しいソロ楽譜
めちゃモテ・トランペット

September

作曲：Maurice White、Al McKay、Alta Sherral Willis　編曲：築山昌広、田中和音
Maurice White, Al McKay, Alta Sherral Willis　Arr. by Masahiro Tsukiyama, Kazune Tanaka

演奏時間：3分20秒

JN149861

◆曲目解説◆

　ソウル&ファンクの大御所、アース・ウィンド&ファイアーが全盛期の1978年にリリースした楽曲で、バンドの代表曲のひとつです。熱帯JAZZ楽団の代表的なレパートリーとしてもおなじみのこの楽曲。オシャレでエネルギッシュなサウンドとキャッチーなメロディーラインは、一度聴けば頭から離れません。誰もが聞いたことのあるカッコよくノリの良いこの楽曲を、是非演奏してみてください！

◆演奏のポイント◆

　あまりに有名な曲ですので、様々な場面で耳にしたことがあると思いますし、体が動き出すような感覚を持った方も多いと思います。
　しかし、メロディーラインだけを抜き出してみると驚くほど単純なフレーズで構成されています。管楽器で演奏する場合はAとBで変えているように、どのようなアーティキュレーションで吹くのかで変化を持たすことができます。
　また、踊りだしたくなるようなリズム感を出すために、音符の長さにも注意してください。特にCHのようにスタッカート表記をしている4分音符の裏拍には、1音下の音があると考えて長さを感じてください。実際に吹いてみるのも有効な練習方法です。このように存在していても吹かない音を、ゴーストノート、クローズノート、日本語では「音をのむ」と表現します。この曲を通して、表記されていない音を感じて演奏することを目標にしてもらえるとリズム感、グルーヴ感を出すトレーニングになると思います。
　アドリブに関しては細かくアーティキュレーションを表記していますのでチャレンジしてみてください。実音D♭の表現を少し意識してもらえると良いと思います。

パート譜は切り離してお使いください。

September

Maurice White, Al McKay, Alta Sherral Willis   Arr. by Masahiro Tsukiyama, Kazune Tanaka

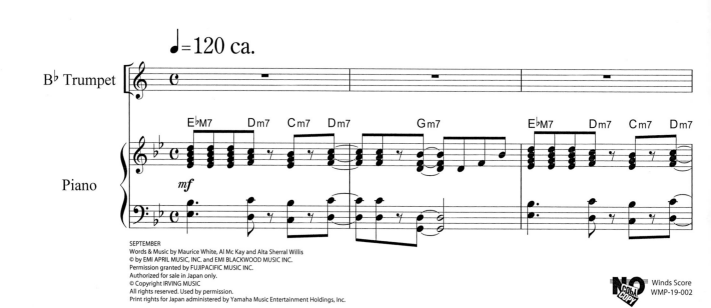

SEPTEMBER
Words & Music by Maurice White, Al Mc Kay and Alta Sherral Willis
© by EMI APRIL MUSIC, INC. and EMI BLACKWOOD MUSIC INC.
Permission granted by FUJIPACIFIC MUSIC INC.
Authorized for sale in Japan only.
© Copyright IRVING MUSIC
All rights reserved. Used by permission.
Print rights for Japan administered by Yamaha Music Entertainment Holdings, Inc.

Winds Score
WMP-19-002

パート譜は切り離してお使いください。

MEMO

◆編曲者・演奏者プロフィール◆

築山昌広（トランペット奏者）

　1976年3月4日生まれ。中学校で吹奏楽部に所属し、トランペットを始める。天理高等学校に進学し、吹奏楽、管弦楽団に所属。主にクラシックを学ぶ。
　天理大学に進学後、軽音楽部に所属しジャズに傾倒する。リードトランペットとして、山野ビッグ・バンド・ジャズ・コンテストに出場し奨励賞を受賞。また、在学中にファンク・ロック・バンド、JANGOで、BMGファンハウスよりメジャーデビューし、本格的にプロ活動を始める。
　以降、関西を中心に、ビッグバンド、サルサ、ファンク、ソウル、ハウスなどの実力派バンドに所属。また、多くのアーティストサポートやCMレコーディング、ミュージカルにも多数参加し、オールラウンドプレイヤーとして活動している。

田中和音（作曲・ピアニスト）

　1987年8月30日大阪生まれ。
　幼少の頃よりクラシックピアノをはじめ、10歳でジャズピアノに転向。野球、ソフトボールと遊びに没頭した高校時代を経て、大阪芸術大学へ入学。関西を代表するジャズピアニスト、近秀樹氏に師事する。
　2010年、ピアニストとして参加している「あきは・みさき・BAND」が、横浜ジャズプロムナード、金沢ジャズストリートのコンペティションにおいて、グランプリをダブル受賞。

ご注文について

ウィンズスコアの商品は全国の楽器店、ならびに書店にてお求めになれますが、店頭でのご購入が困難な場合、当社WEBサイト・電話からのご注文で、直接ご購入が可能です。

◎当社WEBサイトでのご注文方法

http://www.winds-score.com

上記のURLへアクセスし、WEBショップにてご注文ください。

◎お電話でのご注文方法

TEL.0120-713-771

営業時間内に電話いただければ、電話にてご注文を承ります。

※この出版物の全部または一部を権利者に無断で複製(コピー)することは、著作権の侵害にあたり、著作権法により罰せられます。

※造本には十分注意しておりますが、万一、落丁・乱丁などの不良品がありましたらお取り替えいたします。また、ご意見・ご感想もホームページより受け付けておりますので、お気軽にお問い合わせください。